ACADÉMIE LITTÉRAIRE ET MUSICALE DE FRANCE

ORGANE :

LA PETITE GAZETTE POÉTIQUE

Comité d'honneur :

Mme Juliette Adam, Théodore de Banville, François Coppée,
Leconte de Lisle, Sully-Prudhomme.

Directeur : GEORGES D'OLNE

POÉSIES

DES CONCURRENTS DES 2ᵉ ET 3ᵉ CONCOURS DE « Bouts rimés »

AVRIL et MAI 1886

PRIX : 1 fr.

AUX BUREAUX

DE

L'ACADÉMIE LITTÉRAIRE ET MUSICALE DE FRANCE
ET DE LA PETITE GAZETTE POÉTIQUE
43, RUE DU FOUR SAINT-GERMAIN

PARIS

RÉSULTAT

DES 2ᵉ ET 3ᵉ CONCOURS DE « BOUTS RIMÉS »

OUVERTS SOUS LES AUSPICES DE LA

PETITE GAZETTE POÉTIQUE

(AVRIL et MAI 1886)

LE JURY D'EXAMEN A DÉCERNÉ DEUX PRIX

Lauréats : { M. Frédéric Bonnefoy.
{ M. Ch. Doinet.

MÉLANCOLIE

Heureux qui peut voguer, à l'abri de l'orage !
Heureux ceux dont l'esquif, évitant le naufrage,
Vers le port désiré sont conduits par le vent !
Qu'ils bénissent le ciel ! car, hélas ! bien souvent
Sous le calme apparent la vague est en furie,
Et le cœur, tout meurtri, sous le désespoir crie :
J'ai cherché vainement un rayon de soleil,
La nuit, l'horrible nuit a troublé mon réveil !
Aussi comme l'enfant dont la sainte prière
Porte au pied du Seigneur son âme tout entière,
Désabusé, je viens, à la fin, sur le soir,
Entre les mains de Dieu, placer tout mon espoir !

Bonnefoy Frédéric.

LA MORT

La mort plane sur nous ainsi qu'un noir orage,
En laissant derrière elle, effroyable naufrage,
D'innombrables débris dispersés par le vent ;
C'est un affreux démon que l'on voit trop souvent
Sur les nôtres s'abattre avec rage et furie,
Car lorsqu'il est passé, triste, on gémit, on crie,
Et la vie est un ciel qui n'a plus de soleil. —
Mère, ami, fiancée, amant, dès le réveil,
Tous inutilement redisent leur prière,
Et l'enfant survivant à sa famille entière
Vient en vain sangloter du matin jusqu'au soir
Sur le sépulcre, abîme où périt tout espoir.

Emile Bordet.

LA VIE

L'Océan : C'est la vie ! — Agité par l'orage
Comme un frêle esquif l'homme y fait parfois naufrage.

Car l'âme humaine est faible et le funeste vent
Du mal, la trouve hélas ! sans défense souvent.

En vain le cœur veut-il lutter... Sous la furie
Des passions saignant, il se débat, il crie !...

Soudain les flots calmés tombent : un doux soleil
Vient à l'homme annoncer du bonheur le réveil.

Le cœur cesse ses cris : Son ardente prière
Exalte en ses bienfaits la nature entière !

C'est que — tel que Phœbé se lève en un beau soir :
S'est levé l'astre pur que l'on appelle Espoir.

Pierre de Bouchaud.

NAUFRAGE

Ils sont partis. Hélas ! voici l'orage.
Serait-ce le prélude d'un naufrage
Sous de pareilles pousées du vent
J'ai vu des naufragés par trop souvent
La mer se déchaine et dans sa furie
Lance une épave à la plage qui crie;
L'éclair brille à la place du soleil
Qui luira peut-être sans leur réveil
Les Marins adressent, une prière
A Bon Dieu dans leur confiance entière

. . . .

La barque va sombrer avant le soir,
Et la mort les a frappés, plus d'espoir !

Jules Bourdon.

UNE TEMPÊTE SUR MER

Sur le vaste Océan, se déchaîne l'orage,
Et la mer est bien grosse, et l'on craint un naufrage.
Nos focs se sont brisés par la force du vent ;
D'énormes paquets d'eau nous inondent souvent,
Nos flancs sont tous bloqués par les flots en furie.
Chacun craint pour ses jours, mais personne ne crie.
De plus le vent redouble au coucher du soleil,
En attendant la mort on guettait le réveil.
Le capitaine vient : nous faisons la prière
Et dans le même état restons une heure entière.
L'ouragan apaisé, le vent tomba le soir,
La mer se recalma et ramena l'espoir.

Constant Cadot.

LA FEMME DU PÊCHEUR

Sainte Mère de Dieu ! Quelle nuit, quel orage !
Par pitié, préservez mon époux du naufrage.
Oui, sans votre secours, dérivé par le vent,
Notre frêle bateau eût péri bien souvent ;
Ne l'abandonnez pas sur la mer en furie
Au milieu des éclairs, de l'ouragan qui crie.

. . . .

Quand l'orage eut cessé, qu'un rayon de soleil
Changea la scène horrible en un calme réveil,
La femme du pêcheur poursuivait sa prière
Sur la plage humectée. Sa confiance entière
Dans la Reine des cieux ne se démentit pas : le soir
Elle espérait encor, mais hélas !... plus d'espoir !

L. Danieu.

AMERTUME !

A M. Georges d'Olne.

O maître, enseignez-moi la route du bonheur :
Longtemps je l'ai cherchée et la seule douleur
S'est présentée à moi, dérision amère !
Sur tous les grands chemins, j'ai traîné ma misère,
Sans recueillir jamais un seul regard humain.
Bien sombre est mon passé ; mais quel sera demain ?
Fixerai-je une fois l'inconstante déesse,
Ou n'obtiendrai-je enfin un peu de sa tendresse
Que lorsque, fatigué d'errer et de souffrir,
Je n'aurai plus qu'un but : disparaître et mourir ?

Ch. Doinel.

CONSOLATION

A M. Gaston Boullineau.

Ne désespérez point de trouver le bonheur ;
Si le lot ici-bas de l'homme est la douleur,
Dieu mit, dans sa bonté, près de la coupe amère,
L'eau vive qui ranime et fait que la misère
N'est plus un lourd fardeau sous lequel l'être humain,
Gémissant aujourd'hui, succombera demain.
La Fortune, changeante et rebelle déesse,
A personne longtemps n'accorde sa tendresse
Et tel qui, pour la vaincre, a voulu tout souffrir,
En vain usa sa vie, et pourquoi ? pour mourir !

CH. DOINEL.

EN MER

A mademoiselle Marie D.....

I

L'horizon s'assombrit, au loin gronde l'orage ;
Le petit mousse tremble, il a peur du naufrage ;
Le vaisseau tourbillonne, emporté par le vent.
Sa carène est bien vieille, il a subi souvent
Les plus rudes assauts de la mer en furie,
La membrure se plaint et la mâture crie...
La sombre nuit approche et déjà le soleil
S'est éteint dans les flots. — Quel sera le réveil ?
La tempête fait rage... Enfant, fais ta prière,
Là-bas, dans la patrie, une famille entière,
Pour préserver ton front, invoque chaque soir
L'étoile de la mer... — Enfant, garde l'espoir !

II

Le petit mousse prie... il prie ... Enfin l'orage
S'apaise, et le vaisseau ne craint plus le naufrage
Gracieux il reprend sa course sous le vent,
Vainqueur des éléments qu'il brave si souvent.
La nuit s'enfuit, le ciel fait tomber la furie
De la mer frémissante encor. L'alcyon crie
Là-haut dans les haubans et fête le soleil,
Chantre ailé saluant l'aurore à son réveil.
Le mousse bénit Dieu qu'a touché sa prière,
Tout lui semble plus beau, son âme tout entière
Tressaille d'allégresse, — et, quand viendra le soir,
Il reverra sa mère en songe. — Doux espoir !

Ch. Doinel.

NAUFRAGE

Entre l'onde et le ciel que terrible est l'orage !.....
Tu trembles, matelot, par crainte du naufrage !.....
A l'horizon en feu se déchaîne le vent,
Le bruit assourdissant de la foudre, souvent
Vient se mêler au bruit de la mer en furie ;
On entend tout craquer ! la voix du maître crie :
Larguez, pliez, priez..... Adieu mon beau soleil !
Adieu beau ciel d'azur ! Adieu mon doux réveil !.....
Notre-Dame des Flots entendez ma prière,
Et je vous bénirai pendant ma vie entière !....·
Le danger est passé : le calme arrive au soir,
Et le marin s'endort le cœur rempli d'espoir.

Félix.

PENDANT LA TEMPÊTE

Que de fois le marin, au milieu de l'orage,
Quand sa barque légère est poussée au naufrage
Sur le sombre Océan que soulève le vent,
Pense à ceux que la mer engloutit si souvent !
Il lutte vainement contre tant de furie :
Le mât de son bateau sous le vent plie et crie,
Et le matelot craint, sous les cieux sans soleil,
De trouver dans les flots un repos sans reveil,
Aussi, se rappelant sa première prière,
Met-il dans un *Ave* son âme tout entière,
Et lorsque l'arc-en-ciel luit dans les cieux, le soir,
Le marin, sur la mer, a reprit tout espoir.

Marie-André Haguenot.

SPES

Lorsque dans notre cœur parfois gronde l'orage,
Le bonheur s'engloutit comme dans un naufrage,
C'est alors qu'en les bois où murmure le vent,
On aime à s'égarer pour y rêver souvent ;
On y calme le trouble ainsi que la furie.
Moi, contre le destin lorsque mon âme crie,
Je vais, au mois d'avril, par un jour de soleil,
Contempler la nature en son riche réveil,
Ecouter de l'oiseau la suave prière
Où la terre, au printemps, se mêle tout entière,
Et j'ai toujours trouvé, dans ce concert du soir,
Ce chant du Paradis qui s'appelle : l'espoir !

Marie-André Haguenot.

L'ORAGE

Nuage ! éclair brillant ! vous présagez l'orage
La barque est balancée, et redoute un naufrage,
La feuille est secouée, en tous sens, par le vent,
A tire d'aile on voit voler l'oiseau souvent.
La nature effarée est comme une furie
Sa voix de tous côtés tremble, gémit, et crie,
Un grand linceul tout noir dérobe le soleil,
Le tonnerre y sommeille... et voici son réveil :
Il gronde !.. il fait tapage : et la pluie en prière
Laisse tomber ses pleurs ! et frémit tout entière,
La nature en vient calme, et le ciel pur, le soir !
Oiseau, feuille et la barque ont retrouvé l'espoir.

Jacques de Lucé.

EN CE MONDE

Comme l'oiseau dans l'air balloté par l'orage...
Comme la barque en mer exposée au naufrage.
Comme la feuille à l'arbre entraînée à tout vent...
Notre cœur, en ce monde, est agité souvent
Les passions sont comme éléments en furie !
Alors, l'âme en détresse, en cet instant nous crie
« Levons, levons les yeux vers l'éternel soleil
« La force vient d'en haut jusqu'au dernier réveil
« *Sursum Corda* ! debout !... du courage et prière!
« Nous pourrons triompher de la nature entière
« Nous atteindrons le temps où ciel est pur le soir...
« Et d'un bel Au-delà... conserverons l'espoir.

Jacques de Lucé.

MON DÉSIR DE RIMER

Messieurs, vos bouts-rimés me font craindre l'orage :
Il faut que je m'embarque et je sens le naufrage.
Je n'ai aucun espoir de trouver le bon vent.
Lequel bien à propos vous amène souvent.

Mon désir de rimer devient une furie,
Aussiôt que je dors pour m'empêcher il crie.
Il ne voudra jamais je crois, que le soleil
Vienne par son éclat m'annoncer le réveil.

Je voudrais avoir fait ma suprême prière,
Quand je songe à souffrir mon existence entière :
Je tremble tous les jours lors qu'arrive le soir,
Car je ne vois jamais aucun rayon d'espoir.

Jean Maizot

LE DÉVOUEMENT

Le vaillant nautonnier ne craint pas un orage,
Il lui faut l'ouragan plus sujet au naufrage ;
C'est là qu'il faut le voir lutter contre le vent
Dans ses tourbillons, l'entraîne bien souvent.

Il va, bravant les flots de la mer en furie
Chercher le naufragé qui tend les bras et crie.
Il va, dans ce brouillard qui couvre le soleil
L'arracher à la nuit qui n'a pas de réveil.

C'est par le dévouement, et non par la prière,
Que l'on peut secourir l'humanité entière,
Car on a beau prier du matin jusqu'au soir,
L'infortuné périt malgré le saint espoir.

Jean Maizot

NAUFRAGE

Le ciel était en feu lorsque grondait l'orage,
Le marin frémissant attendait le naufrage !
Son vaisseau démâté flottait au gré du vent
Se dressait sur les flots et s'enfonçait souvent
L'équipage pleurait et la mer en furie
Couvrait la faible voix du nautonnier qui crie :
« Adieu mon beau pays, ma France au doux soleil
« Dont les rayons dorés égayent mon réveil !!
« Je n'ai plus que le temps de faire une prière,
« De penser à mon fils, à ma famille entière !»

. . . .

Mais le calme, ô bonheur! qui survient vers le soir
Laisse au Français, au père, encore un peu d'espoir !

E. Pinger.

MÉLANCOLIE

On m'avait dit souvent qu'en cherchant le bonheur,
Sur terre on rencontrait la peine et la douleur,
Et que l'âpre Destin, dans cette vie amère,
Nous réservait à tous notre lot de misère,
Mais moi, loin d'écouter, — tel est le cœur humain —
Caressant en secret cet inconnu : Demain,
Sur l'autel de Vénus, l'amoureuse déesse.
J'ai brûlé vainement des feux de la tendresse,
Jusqu'au jour où, vieilli, déçu, las de souffrir,
J'ai méprisé le monde et désiré mourir.

G. Rodier

A SOSIE

Puisque ton cœur, ami, n'a pas connu l'orage,
Crains bien qu'au premier choc il ne fasse naufrage.
Quand sur lui des passions viendra souffler le vent.
Crains surtout cet amour dont tu rêves souvent,
Car un instant suffit à la mer en furie
Pour engloutir l'esquif sous la vague qui crie.
Imprudent nautonnier qu'attire le soleil,
Evite les écueils — ou gare le réveil !...
C'est que rien ici-bas, pas même la prière,
N'adoucirait alors ta peine tout entière,
Et tu dirais, sentant grandir l'ombre du soir:
— « Quand le cœur est atteint, le mal est sans espoir. »

G. Rodier

ESPOIR

Le ciel est noir, la mer moutonne, c'est l'orage
Et, pour vous matelots, peut-être le naufrage
Qui s'apprête bientôt, sous la rage du vent;
Le bâtiment s'enfonce et disparaît souvent
Jusqu'aux mâts, dans le pli des vagues en furie.
Sur ce faible support dont la membrure crie,
L'homme implore de Dieu le rayon de soleil
Qui du calme bientôt saluera le réveil.
Va, je te trouve heureux, tu crois en la prière.
Marin ; garde ta foi, garde-la tout entière ;
Qu'elle soit dans ton cœur, cette étoile du soir
Dont le nimbe d'or pur au couchant dit : Espoir !

Edouard Sergent.

TABLE DES MATIÈRES

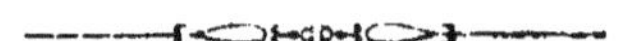

Laval. — Imp. et stér. E. Jamin, 41, rue de la Paix.

www.ingramcontent.com/pod-product-compliance
Lightning Source LLC
LaVergne TN
LVHW011934170726
843501LV00011BA/4408